I0827761

Mientras nieva en marte

—

As It Snows on Mars

María Clara González De Urbina

Translated by Helena Samper

Nueva York, 2023

Title: Mientras nieva en marte — As It Snows on Mars

ISBN-13: 978-1-952336-19-5

Design: © Artepoética Press
Cover Images: Deposit Photos @Elegant01
Depositphotos_97774748_DS.jpg
Editor:Carlos Velásquez-Torres
Editor in chief: Carlos Aguasaco
E-mail: carlos@artepoetica.com
Mail: 38-38 215 Place, Bayside, NY 11361, USA.

Contenido / Content

TIEMPO HUECO — HOLLOW TIME

ÍNTIMA UTOPÍA — SECRET UTOPIA

POR UN BOSQUE DE SÍMBOLOS
—
THROUGH A FOREST OF SYMBOLS

"Va a nevar en el espacio y la NASA no lo sabe"
Diego Maquieira, 2007

Un año después, en 2008, la NASA informaba que la sonda espacial Phoenix, había detectado nieve en el planeta rojo.

"It's about to snow in space and NASA does not know it"
Diego Maquieira, 2007

A year later, in 2008, NASA reported that the Phoenix space probe had detected snow on the red planet.

TIEMPO HUECO

Basta de profecías apocalípticas
Ya sabemos QUE EL MUNDO SE ACABÓ
Nicanor Parra

HOLLOW TIME

Enough of apocalyptic prophecies
We already know THAT THE WORLD IS OVER
Nicanor Parra

CAMPOS ROTOS

El horizonte vuelve la espalda al sol
un perverso zumbido tizna el aire
salmodia de colmena que hiere
y que deshoja

Humo
infierno migrante que rebasa los pinos
y arrebata un cielo de aves aturdidas
El verde aún
                    porfía en montes lejanos

Saucos y yarumos apenas se sostienen
los animales se fueron a otro lado
y esa danza rota del paisaje
—que sacude los huesos—
no apaga el incendio en Australia
ni la guerra en Ucrania

¿Regresarán al fin tiempos propicios?

BROKEN FIELDS

The horizon turns its back to the sun
a perverse buzzing tinges the air
the chanting of a beehive that wounds
and strips away

Smoke
migrating hell overflowing the pines
reaching a sky of stunned birds
The green still
                    strives in the distant mountains

Elderberries and yarumos are barely holding on
animals went elsewhere
and that broken dance of the landscape
—that shakes the bones—
does not extinguish the fire in Australia
nor the war in Ukraine

Will favorable winds finally return?

BIG DATA

Crece la estepa devastada
se agitan los monzones y otra vez
la amenaza de la *Gran Muralla*
se cierne sobre la diferencia

El ejército mutante ataca nuevamente
La sequía condenó al reino mágico
el *Gran Hermano* todo lo vigila
          crece la indefensión

El gigante sin rostro sometió ya las tribus
adulteró su código genético
impotencia
deterioro

Los cartógrafos fraguan nuevos mapas
          y extraños calendarios
                los *uigures*
                calmucos
                armenios
        pomacos y manchúes
     de nuevo avistan la explanada

Se desploman certezas

¿Cómo descifrar este exilio que se gesta?
¿Quién traza signos en la hoja de datos de este tiempo obscuro?

BIG DATA

Devastated steppe grows
the monsoons are stirring and again
the threat of the *Great Wall*
looms over the difference

Mutant army strikes again
drought doomed the magic kingdom
Big brother guards everything
helplessness grows

The faceless giant subdued the tribes already
altering its genetic code
impotence
decay

Cartographers hatch the new maps
and odd calendars
Uyghurs
Calmucos
Armenians
Pomacos and Manchus
spot the esplanade anew

Certainties collapse

How to unravel this exile that is brewing?
Who traces signs on the data sheet of this dark time?

LA TIERRA SIN HIELO

Se cree que todo el hielo terrestre derretido elevaría 66 metros
el nivel del mar.

Cabalgo en la inmensa ola
de este mar en ascenso
como onda continua
— a contrapelo —

No hay ancla que sostenga
ya no hay fondo

Los océanos borraron las playas
se esfumaron los límites
se escondieron las cumbres
ya no hay techo del mundo

No existe cobijo en el planeta tierra
sólo espuma danzante
Silencio líquido del blanco
al deshacerse.

AN EARTH WITHOUT ICE

It is believed that all the melted land ice would raise sea levels by 66 meters.

I ride an immense wave
of this ascending sea
as a continuous swell
—against the wind—

There is no anchor to hold
there is no longer a bottom

The Oceans wiped out the beaches
borders vanished
peaks were hidden
there is no longer a roof of the world

There is no shelter on planet earth
only dancing foam
Liquid silence of the white
as it dissolves.

DESVARÍO

"Cerrado, sacro fuego sin materia
trozo terrestre a la luz ofrecido"
El cementerio marino Paul Valery

Centellea el risco donde
se posa azul una libélula

21 de diciembre, 2020
Saturno y Júpiter copulan en el cielo
y el orbe se desborda oscurecido

Los Maestros del Tiempo
acatan la oscilación
de esa mitad de sombra
que nos compendia a todos

Lágrimas
luna nueva
desvarío
balbuceos

El oído se entrega
al rasgueo de una guitarra
—abierta flor que abrasa—
como encendida soga

Efímero latido del propio corazón
que sueña con alcanzar el mar
¿Adónde huyó la Gracia?

HALLUCINATION

"Closed, hallowed, full of insubstantial fire
Morsel of earth to heaven's light given o'er"
The graveyard by the sea, Paul Valery

Scintillate the cliff where
a dragonfly alights blue

December 21, 2020
Saturn and Jupiter copulate in the sky
and the orb overflows in darkness

Masters of Time
abide the oscillation
of that half of shadow
that abridges us all

Tears
new moon
delirium
babblings

The ear surrenders
to the strumming of a guitar
— open flower that scorches—
like a burning rope

Ephemeral beating of one's own heart
that dreams of reaching the sea
Where did Grace flee to?

PARALELO TREINTA Y OCHO

El invisible Paralelo 38 borra los colores
y aclara los grises a la orilla del río
lejos está el Seúl de vocales ajenas
y su aire secular que aún sostiene los lotos

No hay pausa en el camino
al antiguo Panmunjom
—ahora inexistente—.
Anida hostilidad en la alambrada
acechan los ejércitos
y un tren espera permiso de partir
en Dorasan

En el antiguo reino de Han Yang
se renuevan agravios
el mundo está partido
y roto está para ellos su linaje
que aún cultiva el odio
opacando el alma de la tierra

Caen las voces a 53 kilómetros de la torre Namsam.

THIRTY-EIGHTH PARALLEL

The invisible 38th Parallel effaces colors
and lightens the grays at the river's shore
far away that Seoul of foreign vowels
and its secular air that still holds the lotuses

There is no pause on the road
to the ancient Panmunjom
—now nonexistent—.
Hostility nestles in the wire fence
armies lie in wait
and a train waits for permission to leave
in Dorasan

In the ancient kingdom of Han Yang
grievances are renewed
the world is torn apart
and broken is their lineage
that still raises hatred
dulling the soul of the land

Voices are falling 53 kilometers from Namsan Tower.

CIUDAD DISTANTE

"En esta calle
estará toda la nostalgia humana"
Prisas del instante - Federico Díaz-Granados

Mi ventana
espejo del tiempo detenido en el planeta
revela el desarraigo
de avenidas invadidas por palomas perezosas

Los escasos transeúntes con sus máscaras
reflejan la íntima soledad
el miedo
la vida secuestrada

Ah…
el goce de la errancia
—memorias de un flâneur—

Rota estoy por clamores del hambre
que suplica
                    que reclama
                                        y exige

Frente a mí   al otro lado de la calle
un anciano encerrado
ofrece su derrota a la persiana

Los parques vacíos son ahora
entrañas verdes de gigantes.

DISTANT CITY

"In this street
shall be all human nostalgia"
Prisas del instante - Federico Díaz-Granados

My window
mirror of time held up on the planet
reveals the rootlessness
of avenues invaded by lazy pigeons

The scarce passers-by with their masks
reflect the intimate loneliness
the fear
the kidnapped life

Ah…
the joy of wandering
— memories of a flâneur —

broken I am by the cries of hunger
that begs
that claims
and demands

In front of me across the street
a locked-in elder
offers his defeat to the blinds

The empty parks are now
green entrails of giants.

CAMOTLÁN

Cómo contar la historia de la ausencia sin límite
de mujeres que encuentran la alegría
entre calles estrechas que corren hacia el río
y aquellos que padecen al otro lado de la línea
que marca la frontera de los signos oscuros

Ahora son parias
ya no serán jamás los que siempre habían sido
descienden por estancias que propician sequías
atrás quedan los montes

Hordas de exiliados
que se alejan camino del desierto

Cómo contar los pasos de fantasmas migrantes
que vagan por el zócalo en cada atardecer
y en ritual de añoranzas ofrecen
su copa de caña medianera con mezcal

Se tropieza el recuerdo
en el patio de promesas rotas
—oficio de maguey que borra sueños—

Arropa aún *La llorona* en su rebozo
aflicciones de nahuas y tzotziles
y esa tierra olvidada la cultivan los viejos
y guardan las mujeres
Nostalgia y erotismo.

CAMOTLÁN

How to tell the story of limitless absence?
of women who find joy
amidst narrow streets that run towards the river
and those who ache on the other side of the line
that defines the border of the dark signs?

Now they are pariahs
they will never be what they have always been
they descend through rooms favoring droughts
mountains are left behind

Hordes of refugees
that are moving away to the desert

How to count the footsteps of migrant ghosts
that wander through the main square every sunset
and in a ritual of longing
they offer their cup of cane with mezcal?

A memory stumbles
in playground of broken promises
—maguey craft that washes dreams away—

The Mournful Woman still wraps up in her shawl
sorrows of Nahuas and Tzotziles
and that forgotten land is farmed by the old ones
and guarded by the women
Nostalgia and eroticism.

EN EL OSCURO LOMO DE LA NOCHE

Ávidas de vino
las ciudades sostienen
el sigiloso lomo de la noche

Bajo un puente
un hombre
resiste su desdicha
durmiendo en sus harapos

De tanto en tanto
el ruido de un motor zozobra

Voces y música se trenzan en la bruma
a l o l e j o s.

ON THE DARK BACK OF NIGHT

Avid for wine
the cities hold
the stealthy back of the night

Under a bridge
a man
withstands his misfortune
sleeping in his rags

From time to time
the noise of an engine capsizes

Voices and music braid in the mist
in the distance.

ZARPAZO

Una pantera
iracunda y salvaje
acecha mi desvelo
ardiente en mis entrañas

Centellea desde mi más honda selva
Ruge en mi abrupto corazón

Volátil
felino turbulento
que surge de mi Sombra
y en cada oscuridad
procura devorarme.

THE CLAW

A panther
wild and wrathful
stalks my wakefulness
Fiery in my entrails

Sparkles from my deepest jungle
Roars in my abrupt heart

Volatile
turbulent feline
that emerges from my Shadow
and in every darkness
attempts to devour me.

DOMESTICAR EL TIEMPO

Cae la noche otra vez por encima del puente
y un millar de sombrillas ocupa las aceras

Monotonía
humedad
fatiga
tiempo hueco
rituales cansinos de ciudad

Secreto anhelo de una alcoba
resguardada por el Jazz de los 60

Ausente ya el amor
la intimidad ya no custodia nada

Sobrevivir
bajo la luz equívoca
año tras año
Emboscados por la Sombra ineludible.

TAMING TIME

Night falls once again over the bridge
and a thousand umbrellas fill the sidewalks

Monotony
humidity
fatigue
hollow time
tiresome city rituals

Secret yearning of a bedroom
sheltered by the Jazz of the 60's

In the absence of love
intimacy no longer guards anything

Surviving
under equivocal light
year after year
ambushed by the inescapable Shadow.

YA NO MIRARSE NUNCA

"Adiós quiere decir ya no mirarse nunca"
Manuel Scorza

Olvida aquel pacto lejano
y la puerta entreabierta
No volará la garza por tus sueños
ni asistirá tus pasos

No ejercerá mi nombre su oficio de campana
no será pan
ni tierra
ni mar ni peregrinos

Si llovizna en tu calle
no secarás tu cuerpo entre mis brazos
y esa lluvia por fin
limpiará mis saudades

No existirá estación a nuestros sueños
Renuncio a esa otra que alguna vez yo fui
—la que te amó—
Devuelvo ahora mi corazón al mar.

NEVER LOOK AT EACH OTHER AGAIN

"Goodbye means never to look at each other anymore."
Manuel Scorza

Forget that distant pact
and the door ajar
The heron will not fly through your dreams
nor shall it attend your footsteps

My name will not exercise its trade as a bell
it shall not be bread
nor land
nor sea nor pilgrims

If it drizzles on your street
you shall not dry your body in my arms
and that rain shall at last
cleanse my saudades

There shall be no season for our dreams
I renounce that other that I once was
—the one who loved you—
I now return my heart to the sea.

CAL QUE CAE

A Clara, mi madre

Zozobra lentamente
la visitan golondrinas
que perdieron el rumbo
y un hálito agridulce la silencia

Puedo decir tan solo que está triste y cansada
se escapa de la vida
no mitigan sus penas
los rezos
ni la música
Se perdió su alegría en agostos lejanos

Desertaron sus sueños
la habitan los recuerdos
se sostiene de aire
ya no disfruta siquiera la comida

porfiada se aferra a sus paredes
a los muebles antiguos de la casa
Liturgia cotidiana
de los días repetidos
      solitarios
y   l a r g o s
trazados por prescripciones médicas

Adelgaza mirando a la ventana
sintiendo en la piel el paso de las horas
y en antiguos relojes   eludiendo distancias

Es un árbol cansado
es fuego que se quiebra
es agua que se agota
camino abandonado

FALLING DUST

To Clara, my mother

Slowly she slips away
visited only by swallows
that lost their way
and a bittersweet breath silences her

I can only say that she is sad and tired
running away from life
her sorrows are no longer relieved
with prayers
nor by music
Her joy was lost one distant August

Her dreams abandon her
memories inhabited her
sustained by air
no longer that she even enjoys a meal

Stubbornly she takes refuge in her walls
in the antique furniture of the house
Daily liturgy
of the repeated days
    solitary
and   l o n g
drawn by medical prescriptions

Slimming down looking at the window
feeling on the skin the passing of the hours
and in ancient clock   eluding distances

She is a tired tree
a fire that breaks
water that dries up
an abandoned road

Es una herida abierta

....

Se apagó tu mirada
—guardiana de paisajes de un siglo que acabó—

Se empañó la ventana
esa tarde de mayo
ese 3 a las 3

Como las golondrinas de tus últimas tardes
mecida en tus recuerdos
te marchaste cometa impredecible

Transparencia distante

En tardes desgastadas
rescatamos tu historia
doblamos tu ropa y tus palabras
evocamos tu aire
anhelamos tus pasos
robamos tu risa de las fotografías
custodiamos tu esencia

Mientras se ahonda cada día el pozo de la ausencia.

She is an open wound

………………………………………………

Your gaze is now extinguished
— guardian of landscapes of a century gone by—

The window was fogged
that May afternoon
that 3rd at 3 o'clock

As the swallows of your last afternoons
rocked in your memories
you left unpredictable kite

Distant transparency

On worn out afternoons
we rescue your story
we fold your clothes and your words
we evoke your air
we long for your footsteps
we steal your laughter from old pictures
we guard your essence

While the well of absence deepens every day.

DE TU MUERTE A LA MÍA

> "21 mil millones de células mueren cada día en el cuerpo humano.
> La muerte celular es, pues, un fenómeno inherente a la vida."

Terminó el afán por la tierra prometida
ya no me aferro tanto a los amaneceres
el corazón me arroja al insomne arenal

Hundo mis pies ahí   en la intuitiva orilla
                                        Y ya no mido el tiempo
                                        desde un instante a otro
                                        desde una tarde a otra
                                        desde un día hasta otro
                                        de semana en semana

He aprendido a medirlo
de otro modo:
desde una muerte a otra
a otra
          a otra
con íntima certeza
de que esa última otra
que mis labios pronuncien será por fin la mía

¿Aprenderemos todos
                                      habremos aprendido?

FROM YOUR DEATH TO MINE

"21 billion cells die every day in the human body.
Cell death is thus an inherent phenomenon of life."

Gone is the yearning for the promised land
No longer I cling so tightly to dawns
the heart throws me to the sleepless quicksand

I sink my feet there   in the intuitive shore
                                        And I no longer measure time
                                        from one instant to another
                                        from one afternoon to the other
                                        from one day to another
                                        from week to week

I have learned to measure it
in another way:
from one death to another
to another
              to another
With intimate certainty
that the last one
that my lips pronounce will eventually be mine

Will we all learn
                              Will we have learned?

DESDE UN TIEMPO NUEVO

Canto para acunar el país de mis sueños

No quiero hablar de guerra
de pueblos devastados
de huesos insepultos
ni de orillas de adioses

No quiero oír las botas embarradas
rompiendo la noche
de una casa humilde en la montaña
No quiero dolerme más por mujeres violadas

No quiero llorar otra vez
por niños sin infancia
y ancianos enjaulados por el virus
no quiero saber de diatribas políticas
ni de árboles caídos

Hoy no quiero más sangre
ni más miedo

Sólo anhelo atravesar la niebla
aliviar compasiva cada herida

Valiente
sostener la vara del equilibrio

Danzar sobre el abismo
hasta la   próxima orilla de la vida.

FROM A NEW TIME

Song to cradle the land of my dreams

I do not wish to speak of war
of devastated villages
of unburied bones
nor of shores of goodbyes

I do not want to hear muddy boots
breaking the night
of a humble house in the mountains
I do not want to mourn anymore for raped women

I do not want to shed more tears
for children without childhood
and old people encaged by the virus
I do not want to hear about political diatribes
Nor of fallen trees

Today I want no more blood
nor any more fear

I only long to pierce through the mist
compassionately soothing every wound

Courageous
to hold the rod of balance

To dance over the abyss
to the coming shore of life.

ÍNTIMA UTOPÍA

Cómo voy a creer / dijo el fulano
que el mundo se quedó sin utopías
Mario Benedetti

SECRET UTOPIA

How can I believe / said the so-and-so
that the world has run out of utopias
Mario Benedetti

PREGÓN

"Traigo abrecaminos, pa' tu destino
Traigo la ruda, pa' el que estornuda
También traigo albahaca, pa' la gente flaca"
El yerberito - canción interpretada por Celia Cruz

Azahar, manzanilla, caléndula
tomillo, mejorana y yerbabuena

Aromatizan culpas
Alivianan ausencias
Allanan los recuerdos
y aderezan deseos

Ají, chía, pimienta
jengibre, eneldo, girasol

Condimentan altivos
el paso de los días
Agrestes y picantes
amasan el hastío
y extravían fuegos

Cúrcuma, clavo, cardamomo
albahaca, regaliz y berenjena

Diluyen pensamientos
Muelen desasosiegos
endulzan abandonos
espesan y glasean las alegrías

Anís, vainilla, canela y azafrán

Anisan y azafranan certidumbres
flambean horas amargas
y remojan el paso del instante

ANNOUNCEMENT

"I bring road-opener, for your destiny
I bring rue, for the one who sneezes
I also bring basil, for skinny people".
El yerberito - song

Orange blossom, chamomile. marigold
Thyme, marjoram, and spearmint

Aromatize guilt
soothe absences
they smooth memories
and season desires

Chili, chia bell, pepper
ginger, dill, sunflower

Proudly spice up
the passing of each day
Rough and pungent
they knead boredom
and misplace fires

Turmeric, clove, cardamom
Basil, licorice, and eggplant

Dilute thoughts
Grind uneasiness
sweeten abandonments
thicken and glaze joys

Aniseed, vanilla, cinnamon, and saffron

Aniseed and saffron certitudes
flambé bitter hours
and soak the passing of the instant

Perejil, laurel, cilantro

Ciernen pactos
tamizan emociones
salvaguardan visiones

Comino, hinojo, romero
salvia, paprika y orégano

Sofocan el miedo entre sus salsas
Rezuman angustias y sabores
para mordisquear el pan de las heridas
y exprimir una uchuva entre papilas

para masticar soledades que atropellan
paladear lo agridulce por costumbre
hasta dar con el punto elemental y único
en la más ferviente ebullición de LA VIDA.

Parsley, bay leaf, coriander

Sieve covenants
sift emotions
safeguard visions

Cumin, fennel, rosemary
sage, paprika, and oregano

Stifle fear in their sauces
They ooze anguish and flavors
to nibble the bread of wounds
and to squeeze a gooseberry between papillae

To chew solitudes that knock down
to taste the bittersweet by habit
until finding the elemental and unique spot
in the most fervent ebullition of LIFE.

IMPLACABLE LA MÚSICA

Notas graves de piano
saxofón repentino
aliento y asonancias

Implacable la música
despliega la ternura y el brío

Voces-hilos
silencios
entre las notas blancas

Bailar
Siempre es mejor bailar
— galope acompasado —

Ya no es la sed de entonces
ya no desciendo a saltos
ni se abre mi cuerpo diligente

Me conjugo en pasado y en presente
en verbo irregular sin nombre propio
desnuda de adjetivos
vulnerable
me dejo conjugar y me derrocho

De nuevo mis pies sobre la tierra imponderable
y la sombra en el árbol centenario
y mi patio
y las fechas cortadas a destiempo
y el tallo repetido

y los portales a oscuros callejones

Y el piano que repite la misma melodía.

RELENTLESS THE MUSIC

Low piano notes
sudden saxophone
breath and assonance

relentless music
unfolds tenderness and spirit

Voices-threads
silence
between white notes

To dance
It is always better to dance
— rhythmic gallop —

It is not the thirst it was then
I no longer descend in leaps and bounds
nor thus my diligent body open up

I conjugate myself in past and present tense
in irregular verb without a proper noun
naked of adjectives
vulnerable
I conjugate myself and squander

My feet back again on this imponderable land
and the shade on the centennial tree
and my patio
and the dates cut at the wrong time
and the repeated stem

to the doorways of obscure alleys

And the piano which repeats the same melody.

ALBUR

No hace caso a la lluvia
semidesnudo
salta sobre la hierba
con el cabello atado

A veces se detiene
se inclina sobre el prado
recoge un objeto inexistente
—o al menos a los ojos, invisible—
que guarda en su mochila de pensares

Este muchacho poseedor de la lumbre
desvanece la corteza del agua con su danza
se abre paso en su íntima utopía
y otros reparten el mundo a su acomodo

Está nevando en Marte.

PROVIDENCE

Heedless of the rain
half-naked
he jumps on the grass
with his hair tied up

Sometimes he stops
bends over the lawn
picks up a non-existent object
—or at least to the eyes, invisible—
which he keeps in his rucksack of thoughts

This kid who owns the glint
vanishes the crust of the water with his dance
he makes way in his inmost utopia
and others divide the world to their liking

It is snowing on Mars.

DESMEMORIA

Dedicado a quien padece la enfermedad del olvido.

¿Cómo salir de este pozo?
Ahora estoy
El ángel de la nada
no ha sobrevolado todavía

—Por eso escribo ahora este poema—

Debo pensar la vida en presente inmediato
porque quizás mañana
—o en un rato —
precise estas palabras para asirme de ellas

Con algo de suerte
la memoria de otros me podrá rescatar
la memoria de los otros
Si recuerdan
—si quieren recordar—

La piel es la única leal en el abrazo

Escribo para hacerle trampa
al olvido que me tiende emboscadas
y aquí me tienen
jugando con el tiempo irreversible
desde este presente fugitivo

lo que resta es más simple

pero no menos doloroso:
renacer cada día
eligiendo benévolas memorias

Se me ocurre este abismo
en que me hundo
una sabia advertencia
desde el acantilado final
a través de este solo y aislado abecedario.

OBLIVION

Dedicated to those who suffer from the disease of forgetfulness.

How to get out of this well
I am now?
The angel of nothingness
has not flown yet over

—Thus I am now writing this poem—

I must think life in the immediate present
because maybe tomorrow
—or in a while—
I shall need these words to hold on to

With a bit of luck
the memory of others may be able to rescue me
the memory of others
If they remember
—if they want to remember—

the skin is the sole loyal one in the embrace

I write to deceive
the oblivion that ambushes me
and here I am
playing with the irreversible passing of time
from this fugitive present

What remains missing is simpler

but no less painful:
to be reborn every day
by choosing benevolent memories

Perhaps this abyss
into which I sink
is a wise warning
from the final cliff
through this single and isolated alphabet.

DE LA TIERRA ROJA DEL DESIERTO

Hija soy de la tierra del desierto
hundo ahora mi huella entre el lodo del Nilo
crecí en el esplendor de lejanas ciudades
Marib   Petra   Palmira
Alejandría
          y Damasco

Atravesé el desierto protegida
y hasta ahora fui sol

Pero
quebranté la ley una noche en Bagdad
ya los vientos no están a mi favor
mi clamor no se oirá en las alturas
y esta vez
                    el mar no se abrirá

Sobrevendrá el silencio
moriré repudiada cuando el cielo
se cubra de alas negras
y predispuestas arenas azoten
desde la vasta soledad
una tormenta de hielo.

FROM THE RED LAND OF THE DESERT

Daughter I am of the desert land
I cast my footprint now in the mud of the Nile
I grew up in the splendor of distant cities
Marib   Petra   Palmyra
Alexandría
            and Damascus

I crossed the desert guarded
and until now I was sun

But
I broke the law one night in Baghdad
the winds are no longer in my favor
my clamor will not be heard on the heights
and this time
                the sea shall not be open

Silence will suddenly come
I will die disowned when the sky
is covered with black wings
and predisposed sand lash
from the vast solitude
an ice storm.

SILABARIO

Soy escriba y mujer
vivo en Bagdad
en la ciudad redonda del califa abasí

Paseo por el bazar
contra la tarde limpia
en busca de papiros
que ofrenden enigmas
y saberes

Entre cálamo y códices
cuidando cada trazo
para no alterar ninguno
atadas mis manos por siempre
al alfabeto árabe, al armenio
y a las antiguas letras georgianas

He aprendido a medir cada palabra
—la paciencia es la ciencia del acopio—
dimensión del lenguaje que permite
adentrarse al misterio en cada silaba
sin llegar hasta el siguiente folio

Habito la perplejidad de la Pregunta.

SYLLABARY

I am scribe and a woman
I live in Baghdad
in the round city of the Abbasid Caliph

I stroll through the bazaar
against the clear afternoon
in search of papyruses
which offer enigmas
and knowledge

Amidst calamus and codices
taking care of each stroke
not to alter any of them
my hands tied forever
to the Arabic alphabet, the Armenian,
and the ancient Georgian letters

I have learned to measure every word
—patience is the science of gathering—
dimension of language that allows
to enter the mystery in each syllable
without reaching the next page

I inhabit the bewilderment of the Question.

PRISMA

¿Es vida lo que toco y se demora
en los ínfimos actos cotidianos
En tanto que el recuerdo
pegado en la pared niega las voces?

Eros ya no lanza sus dardos ni pulsa
el mundo como encordado prisma

La música ahora se llena de intervalos
ya no hay caracoles junto al árbol del patio
y no pretendo nuevos territorios

Trepo a diario la escala sin peldaños
y la noche se tiende.

PRISM

Is the life what I touch and lingers
in the tiniest daily deeds
whilst memory
stuck on the wall denies the voices?

Eros no longer shoots his darts
nor plucks the world as a stringed prism

Music is now filled with intervals
there are no more snails by the tree in the courtyard
I no longer intend new territories

I daily climb the ladder without steps
                    and the night falls.

GEOGRAFÍA SAGRADA

Fervor de mis paisajes
—viajera de atalayas—
deambulo por la geografía secreta
de mi cuerpo

Pulso
Respiración
ADN
Sangre encendida
Cuerpo atado al tamiz de un corazón

Me adentro en cada célula
en cada temblor
en cada herida
Destino que habito sitiada en mi piel
anclada en tierra

Peregrina en reinos de invisibles almenas
reconozco otros ámbitos
de signos animales
de abismos minerales
y canto vegetal

Semilla que respira
incapaz de someter al tiempo

Ah… los aljibes   secreta vibración
ecos de mí aún sin resolver.

SACRED GEOGRAPHY

Fervor of my landscapes
—traveler of beacons—
I wander around the secret geography
of my body

Pulse
Breathing
DNA
Blood on fire
Body tied to the sieve of a heart

I dive into every cell
into every tremor
into every wound
Fate I inhabit besieged in my skin
anchored to the ground

Pilgrim in realms of invisible battlements
I recognize other realms
of animal signs
of mineral abysses
and vegetable songs

Breathing seed
Unable to subdue time

Ah... the wells   secret vibration
echoes of myself not yet solved.

AUTORETRATO

Mujer que vivió al filo del destello
Flauta y caña
tambor
arpa atrevida
ávida resonancia

Tacto atado a la tierra
al mar
al viento

Núcleo enamorado de todo lo viviente
honda palpitación de los instantes
higuera doblegada
eterna dibujante de palabras

Danzante de todos los volcanes
Fruto de fuego oscuro
pausa de luz
interrogante
  libido
    compendio
abierta siempre al gozo
persiguió el don del constante aliento

Piel que probó la suficiente soledad
esqueleto mineral
menos que piedra
y esa efímera sombra siempre en pugna
que a veces deshojó
para salvaguardar su corazón.

SELF PORTRAIT

Woman who lived at the edge of the sparkle
Flute and reed
drum
daring harp
avid resonance

Touch tied to the earth
 to the sea
to the wind

Core in love with all living things
deep heartbeat of the instants
bent fig tree
eternal drawer of words

Dancer of all volcanoes
Fruit of obscure fire
pause of light
query
  libido
        compendium
always open to joy
pursued the gift of constant spirit

Skin that tasted sufficient solitude
mineral skeleton
less than stone
and that ephemeral shadow always in struggle
that she sometimes defoliated
to safeguard her heart.

DIMENSIÓN EN LA BRUMA

Por septiembre
en una casa de balcones azules
un fantasma avizora
el tiempo ferviente de la esquina

La casa disfrazada de nueva
no advierte un fantasma de más
bajo el crepúsculo
que abjura entre los amarillos

Es sólo un hilo sin territorio
que no termina nunca de romperse
un cometa simultáneo
un desatino inútil
entre dimensiones

Ese hombre desgarbado
que abrevia y acelera
que atraviesa sin miedo la ventana
o el muro

De repente aparece en el tejado
o se asoma a la reja
ciñéndose a la sombra de su sombrero alado
se lleva estos poemas.

DIMENSION IN THE MIST

By September
in a house of blue balconies
a ghost is spying on
the fervent time of the corner

The house disguised as new
does not notice another ghost
under the twilight
that abjures among the yellows

It is only a thread without territory
that never quite breaks
a simultaneous comet
a useless blunder
between dimensions

That graceless man
who abbreviates and accelerates
who fearlessly crosses the window
or the wall

All of a sudden he pops up on the roof
or peeks over the railing
girding himself in the shadow of his winged hat
takes these poems away.

POR UN BOSQUE DE SÍMBOLOS

No, ninguna caída logró trocarse en ruinas
porque yo alcé la torre con ascuas arrancadas de cada
infierno del corazón.
Olga Orozco

THROUGH A FOREST OF SYMBOLS

No, no fall was able to turn into ruins
because I raised the tower with embers plucked from every
hell of the heart.
Olga Orozco

OTRO DÍA QUE OSCUREZCO

Será que las tardes terminan derrotadas
ahora que perdura el naufragio
la espera se dilata
el año se rezaga
la vida se desplaza
y el tiempo
—pérfido soñador de pesadillas—
desdeña las señales

¿Será posible de nuevo la Alegría?

ANOTHER DAY THAT I DARKEN

Could it be that the afternoons end in defeat?
now that the shipwreck lingers
the wait drags on
the year lags behind
life moves along
and time
—the perfidious dreamer of nightmares—
disdains the signs

Would Joy be possible again?

EL DON ES UN TAÑIDO

Es un lugar de paso para el aire que nace
Es un recogimiento
un encuentro
Es un dejo
un legado de vida que se brinda

Es un rayo que impulsa
a la otredad
Es lo intangible

Puede ser un umbral
puedes ser tú
podrá ser él
podemos ser nosotros
o una copa invertida de campana
que se oye en la distancia del propio corazón.

THE GIFT IS A PEAL

It is a place of passage for the air being born
a retreat
an encounter
an echo
A legacy of life that is given

It is a lightning that impels
to otherness
It is the intangible

It may be a threshold
it may be you
it may be him
it might be us
or an inverted bell cup
heard in the distance of one's own heart.

ACATO EL DON

Lo codicio en las tardes
bajo ese fulgor único
que precede al crepúsculo

A su ventura desatada
me dispongo después

Para someterme de nuevo
en la alborada
antes que el viento
— el lujurioso viento —
me encamine otra vez
por las largas colinas de la ausencia.

I ABIDE BY THE GIFT

I yearn for it in the afternoons
under that unique glow
that precedes the twilight

To its unleashed venture
I then prepare myself

To submit myself again
at dawn
before the wind
— the lusty wind —
I set out again
through the long hills of absence.

AÑORANZA

Atado está el recuerdo
a una fuente de coros desiguales
a un cosmos extraviado
y una calle antigua de un siglo
que quizás no existió

Entonces trabajaba como siervo de gleba
abría surcos y surcos entre barro y arena
y cargaba el trigo hasta el centro del feudo

Más allá del granero
del establo
y los hornos
al salir del molino siempre estaba la fuente
de vacilante danza que atravesaba el bosque
mudando los sentires de mi dulce morada

Al final de esta tarde
la memoria en vigilia
atisba en el espejo que se mira en el tiempo
la curvatura abierta   a insondables resquicios.

NOSTALGIA

Tied is the memory
to a fountain of uneven choirs
to a lost cosmos
and an ancient street of a century
that might not have existed

Then I worked as a serf of the glebe
I opened furrows and furrows between mud and sand
and carried the wheat to the center of the feud

Beyond the barn
the stable
and the ovens
outside the mill there was always the fountain
of vacillating dance that crossed the forest
changing the feelings of my sweet abode

At the end of this afternoon
the memory on vigil
glimpses in the mirror that looks back in time
the curvature open to fathomless crevices.

BRÚJULA DEL SUEÑO

> "Asumir el acto supremo de morir,
> amando."
> Ignacio Ramírez

Es hasta ahora que empiezo a recordarte
de repente la forma de tu ceja
un gesto
la luz develada en tu espalda
el abismo de tus sueños
tu piel y sus asombros
el modo de abotonarte la camisa
o tu ironía sutil

Al sesgo tu presencia
indefinible
amanecida
altiva
y tu cuerpo de pronto es infinito

Me interpela tu acento
el mundo se inaugura
y comprendo el amor
en los mínimos gestos
que no distinguen la vigilia del sueño

Copias de ti y de mí que se desgranan
entre azarosos meridianos
Siempre el amor nos torna vulnerables.

DREAMS COMPASS

"To assume the supreme act of dying,
loving."
Ignacio Ramirez

It is only now that I begin to remember you
suddenly the shape of your eyebrow
a gesture
the light unveiled on your back
the abyss of your dreams
your skin and its amazements
the way you button your shirt
or your subtle irony

on the bias your presence
indefinable
dawn
lofty
and your body is suddenly infinite

I am called upon by your accent
the world unfolds
and I understand love
in the smallest gestures
that do not distinguish vigil from dream

Copies of you and of me that are shattered
between the random meridians
Always love makes us vulnerable.

AL FINAL

Después seré yo la que se marche
será esa migración la que me marque
—me iré con la mochila de sueños a la espalda—
pesaran mucho menos aquellos que cumplí
Los otros
los que faltan tendrán otros paisajes
otra voz y otro aroma
El lugar al que llegue abordará distinto las palabras

Esta vez
seré la que se vaya sin mirar para atrás
—para no parecerme a la mujer de Lot—
Mis raíces quizás se irán también conmigo
y como semillas en la nueva tierra
llevarán otros nombres transversales

Extrañaré mi cielo y mis montañas
intentaré encontrarles parecido
para evitar que el alma se desgaje.

AT THE END

Then I will be the one to leave
it will be that migration that I set for myself
—I will leave with a backpack of dreams on my back—
those I fulfilled will weigh much less
The others
those that are missing will have other landscapes
another voice and another scent
The country I arrive to will approach words differently

This time
I will be the one who leaves without looking back
—so as not to look like Lot's wife—
My roots will perhaps go with me too
and like seeds in the new land
they will carry other names across

I will miss my sky, my mountains
I will try to find resemblance in them
to prevent the soul from breaking off.

POR UN BOSQUE DE SÍMBOLOS

Nacer cada mañana
ante el interrogante
Atrás los argumentos
y los inacabables predicados

Seguir con la labor de amarrar imposibles
fecundos navegantes
del sagrado paisaje de los símbolos

y esa caverna del corazón
rescatando el amado territorio.

BY A FOREST OF SYMBOLS

To be born every morning
in the face of the question
Behind the arguments
and the endless predicates

To continue the work of anchoring impossibles
fruitful navigators
of the sacred landscape of symbols

and that cave of the heart
rescuing the beloved territory.

LLAMADO

"Pero el Ángel de Yahveh dijo a Elías tesbita:
«Levántate y sube al encuentro de los mensajeros
del rey de Samaria y diles: ..."
II Reyes, 1 - Biblia de Jerusalem

Manchado de ceniza
abrazado por leguas y por fuego
ve en el simún del desierto
la única sombra
capaz de derribarlo

Anhelaba quedarse
en el oasis de su Reino
pero el llamado de nichos y hondonadas
lo conmina otra vez

Se apresura
a desmontar la jaima
a tomar su cayado
y cobijarse con su manto de viaje
hasta la tierra de Sarepta
obviando la sequía

Con su mano
abierta a una promesa.

CALL

" But the Angel of the Yahveh said to Elijah the Thessbite:
"Arise, and go up to meet the messengers
of the king of Samaria and say to them: ..."
II Kings, 1 - Jerusalem Bible

Stained with ash
embraced by leagues and fire
Sees in the simoom of the desert
the only shadow
able to bring him down

He longed to stay
in the oasis of his kingdom
but the call of niches and hollows
summons him again

He hastens
to dismantle the tent
to take up his crook
and cover himself with his traveling cloak
to the barren land of Sarepta
shunning the drought

With his hand
open to a promise.

RENDICIÓN

Recordar el aire transparente de la cima
sin ansiar la incertidumbre gris de la montaña
y otra vez asumir lo que no se eligió

Rendición ante el musgo para seguir
buscando señales invisibles

… … … … … … …

El descenso
—vértigo de cascada—
secunda el despojo
serena la mirada
enraiza en lo esencial

Son otros los sentires que concilian opuestos
danza ahora
el alma en vastas dimensiones

Una remota savia va ensanchando las venas
y en la plateada cima se visiona un jardín.

SURRENDER

To remember the clear air of the peak
without longing for the gray uncertainty of the mountain
and again to face what was not chosen

Surrender to the muss to keep
seeking invisible signals

… … … … … … …

The descent
—waterfall vertigo—
seconds the non-attachement
serenates the gaze
roots in the essence

Other feelings reuniting opposites
now dances
                    the soul in vast dimensions

A remote sap is widening veins
and on the silvery peak the garden is envisioned.

SELLO DE AGUA

"El Tarot nos permite comunicarnos con el alma."
Georges Colleuil

Reconoce tu sombra como aliada
Celébrala
y en medio de la noche
danza

Alienta la enseñanza
que hace crecer la llama
aunque incendie *La torre*

Ante la insondable sonrisa de *La esfinge*
el recurso es *Justicia*
pero contigo mismo

Sin permitir que *El carro*
— implacable vecino de *La luna* —
elija distanciarte dejándote incompleto

En *La rueda* de vientos de la vida
ocúpate tan solo de vibrar con la esencia
aunque oscuros arcanos
te inciten al agujero negro

Aprecia el horizonte inverso
como lo hace *El ahorcado*
aun cuando
El mago — hábil ilusionista —
atenúe la visión con paisajes distintos

Sólo al norte la *Estrella* admitirá su luz
y el bucle de jade sanará los fracasos
aunque *El emperador* se empeñe por el sur

el agua inagotable verterá *La templanza*

WATER SEAL

"The Tarot allows us to communicate with the soul."
Georges Colleuil

Know your shadow as an ally
Celebrate it
and in the midst of the night
dance

Encourage the teaching
that makes the flame grow
even if it sets *The Tower* on fire

Before the unfathomable smile of *The Sphinx*
the recourse is *Justice*
but with yourself

Without letting *The Chariot*
— relentless neighbor of *The Moon* —-
choose to detach you by leaving you incomplete

In the winds *Wheel* of Life
Occupy yourself only to vibrate with the essence
even if dark arcana
urge you to the black hole

Cherish the inverse horizon
as *The Hanged Man* does
even when
The Magician — a skillful illusionist —
soften the vision with different landscapes

Only to the North The *star* will admit its light
and the jade loop will heal failures
Even if *The Emperor* strives for the South

the inexhaustible water will pour *The Temperance*

y al fin el *Hierofante* fusionará
lo invisible y lo profano

Próximo ya al territorio oculto
será el Arcano trece quien te encuentre
cuida de no cortar con su guadaña
los frutos de remotos saberes
ni renuncies jamás al cetro del poder

Con tu sello de agua
resguardaras
por siempre
tu identidad de origen.

and at last *The Hierophant* will meld
the invisible and the profane

Close already to the hidden territory
it will be the Arcane Thirteenth who will summon you
be careful not to cut with his scythe
the fruits of remote knowledge
nor ever renounce the scepter of power

With your water seal
you shall protect
forever
your identity of origin.

EL HILO DEL AHORA

Libre ya de condenas al destino
el peso de una hoja en la pupila
iguala un oscuro follaje
de preguntas

En cada célula el ritmo de la vida
otra cadencia de lenguajes

Todos hemos buscado solaz en las estrellas
no concibo posible la soledad de Dios

Escribir es salvarse
liberar las palabras
que fluyan hasta la rendición
de los estuarios
en la sobria medida
que nos da un astrolabio

Ay… danzar en el hilo del ahora.

THE THREAD OF NOW

Free now from condemnation of destiny
the weight of a leaf in the pupil
equals a dark foliage
 of questions

In each cell the rhythm of life
another cadence of languages

We have all sought solace in the stars
I do not conceive possible the solitude of God

To write is to save oneself
to free the words
to flow to the surrender
of the estuaries
in the sober measure
that gives us an astrolabe

Oh... dancing in the thread of now.

ILIMITADO

No hay que tender la red
No es necesario

El capullo no tiende red alguna
no se somete
al artilugio cotidiano

Sólo Es
en la penumbra del silencio

Atraviesa su fase de crisálida
en la hebra de luz
y en su latido

Ajena al mundo

Sobre el espacio
que evidencia la noche
entre arcos sin distancia

Avanza entre las sombras
Ritmo tres
Vibración seis
Frecuencia nueve

Rueda dentro de rueda
entrelazadas

Inmigrante de estrellas
alcanzarás las Pléyades.

LIMITLESS

No need to lay the network
It is not necessary

The cocoon does not cast a net
does not submit
to the daily gadgetry

It Is only
in the gloom of silence

It goes through its chrysalis phase
in the strand of light
and in its heartbeat

Detached from the world

On the space
that reveals the night
among arcs without distance

Advances through the shadows
Rhythm three
Vibration six
Frequency nine

Wheel within wheel
intertwined

Immigrant of stars
you will reach the Pleiades.

… y la palabra liberada
encuentra su lugar
en la página del mundo

mientras nieva en Marte

... and the liberated word
finds its place
on the page of the world

as it Snows on Mars

www.ingramcontent.com/pod-product-compliance
Lightning Source LLC
LaVergne TN
LVHW010106110826
845155LV00028B/513

* 9 7 8 1 9 5 2 3 3 6 1 9 5 *